AF337567

LA RÉPUBLIQUE

DU

POPULAIRE.

Prix : 2 Sous.

AU BUREAU DU POPULAIRE,
25, RUE NEUVE-SAINT-AUGUSTIN.

1833.

LA RÉPUBLIQUE

DU

POPULAIRE.

SOUVERAINETÉ DU PEUPLE,

SES CONSÉQUENCES.

Un peuple peut exister sans roi ; mais il ne peut y avoir de roi sans peuple. — Les peuples ne sont pas faits pour les rois ; mais les rois sont faits pour les peuples. — Ce ne sont pas les rois qui font les peuples ; mais ce sont les peuples qui font les rois. — En un mot, c'est dans le peuple, c'est-à-dire dans l'universalité des citoyens ou dans la nation, que réside la souveraineté : le roi, ou le gouvernement n'a que le pouvoir que le peuple veut bien lui confier.

Ce principe, proclamé par la constitution de 1791 et par toutes les constitutions postérieures, a été de nouveau reconnu en 1830. Il est incontestable, et personne n'oserait le contester aujourd'hui.

De ce principe découlent trois conséquences principales :

La première, c'est que la société doit être organisée, ou que le gouvernement doit être constitué, non dans l'intérêt d'un homme, ou d'une famille, ou d'une classe, mais dans l'intérêt de toute la société, de tous les sociétaires, du peuple tout entier, des travailleurs autant au moins que dans celui des oisifs, s'il peut y en avoir dans une société bien organisée. S'associer uniquement dans l'intérêt d'autrui serait un acte de folie ; forcer quelqu'un à s'associer exclusivement dans l'intérêt des autres serait un acte d'injustice et d'oppression ; opprimer une minorité serait de la lâcheté ; se laisser opprimer par une minorité serait de la stupidité.

La deuxième c'est que le peuple tout entier doit faire lui-même sa constitution (ou son acte de société) ; s'il est trop nombreux pour se réunir et discuter, il doit choisir lui-même des représentans ou des mandataires qui se réuniront pour préparer la constitution, et qui la soumettront ensuite à son acceptation. Si la constitution est faite par un roi, ou par une classe de nobles, ou de prêtres, ou de magistrats, ou de militaires, ou de riches, il est évident que la constitution ne sera pas faite dans l'intérêt du peuple, du travailleur et du pauvre.

La troisième, c'est que la constitution doit conserver au peuple lui-même la plus grande participation possible, soit à la confection de ses lois, soit à l'administration de ses propres affaires et au règlement de ses propres intérêts. S'il pouvait être son législateur, son administrateur, etc., il ferait bien de l'être lui-même. S'il est trop nombreux, il doit au moins choisir ses législateurs, ses juges, etc., et leur demander compte de l'accomplissement de leur mandat ; mais il doit faire tout ce qu'il peut faire lui-même, et par conséquent il doit réserver à chacun de ses membres le droit d'être électeur, éligible, juré, garde national, soldat. Abandonner tous les droits, tous les pouvoirs, toutes les fonctions à des classes privilégiées, c'est vouloir que tout soit fait dans l'intérêt de ces classes et non dans l'intérêt du peuple.

En un mot, tout doit se faire *pour le peuple*, et par conséquent *par le peuple*.

Voyons si c'est ainsi qu'est organisée la société d'aujourd'hui, et comment on pourrait remédier au mal.

SITUATION INTOLÉRABLE.

Les constitutions de 1791, 1793 et 1795 garantissaient le principe de la *souveraineté du peuple* et ses conséquences ; mais les constitutions du consulat et de l'empire organisaient le despotisme ; la Charte de 1814, imposée par l'étranger, était basée sur l'absurde principe de la *légitimité de droit divin*, et celle de 1830, œuvre de quelques hommes sans mandat et sans pouvoir, continue à méconnaître les droits populaires ; sur sept ou huit millions de citoyens actifs qui peuvent composer le peuple proprement dit, moins de deux cent mille participent à la confection des lois, et tous les autres, quoique nourrissant, entretenant et défendant l'état, sont dépouillés et déshérités de tous droits politiques.

N'est-ce pas une révoltante injustice ? une odieuse usurpation ?

Oui, une organisation sociale par laquelle l'immense majorité des citoyens (plus de 40 contre 1) sont privés de tous droits politiques, et presque condamnés à végéter perpétuellement dans la misère, est tellement injuste et oppressive qu'elle en est intolérable.

Plus d'une fois avant 1789, et à cette époque surtout, nos pères voulurent la changer à tout prix ; et, pendant vingt-cinq ans, ils versèrent leur sang pour conquérir la souveraineté du peuple et l'égalité devant la loi.

Ils y parvinrent en effet : ils proclamèrent le droit, pour le peuple entier, de faire ou de faire faire sa *constitution* et de l'*accepter* ou de la *rejeter,* puis de la *réviser* et de l'améliorer à des époques et dans des formes déterminées ; tous les citoyens actifs (six ou huit millions) exercèrent alors le premier de tous les droits, le droit *électoral.*

Mais en 1814, aidés par la trahison, et ramenant les Bourbons, c'est-à-dire les anciens oppresseurs du pays, race condamnée et expulsée par le peuple, les despotes étrangers nous imposèrent une charte de légitimité et de monarchie absolue déguisée sous le faux nom de gouvernement représentatif, une charte d'aristocratie, de privilége, de monopole, de contre-révolution et d'ilotisme politique.

C'est cette charte, aussi honteuse qu'illégitime dans son origine, qui nous gouverne ou plutôt qui nous enchaîne encore aujourd'hui ; c'est elle qui, replâtrée en 1830, rebâclée en quelques heures sans aucune participation du peuple, laisse encore ce peuple sans droits et sans garanties.

Pourrions-nous souffrir tant d'humiliations et tant d'injustice, nous, peuple de juillet, qu'on a pu surprendre, tromper et désorganiser un moment, mais qui n'avons pas moins de courage que nos pères, et qui, comme eux, avons prouvé que nous savions braver la mort pour conquérir la liberté ? Non, non ; nous saurons réclamer et lutter jusqu'à ce que nous ayons pleinement recouvré nos droits.

NÉCESSITÉ D'UNE RÉVOLUTION

PAR LA LÉGISLATURE OU PAR LA FORCE.

Mais comment faire ? — Deux moyens se présentent :

L'un, plus prompt et plus radical, *la force ;*

L'autre, plus pacifique et lent, mais plus sûr peut-être et plus solide, la volonté des chambres législatives, c'est-à-dire la confection d'une loi nouvelle, reconnaissant le droit *électoral* à tous les citoyens, et la convocation d'une *assemblée constituante* élue par le peuple et chargée de réviser la charte ou plutôt de faire une constitution.

Voyons d'abord ce dernier moyen.

Que la charte soit radicalement illégitime et nulle, ou qu'elle soit seulement imparfaite et vicieuse, personne ne peut soutenir qu'elle doit durer éternellement et lier à jamais notre postérité ; et si les citoyens, les gardes nationaux, les électeurs et les chambres étaient unanimes ou seulement en majorité pour la remplacer par la constitution la plus populaire, personne encore ne peut contester qu'ils auraient le droit de le faire.

Il est vrai que le parti du privilége, presque imperceptible dans le peuple, peu nombreux en réalité dans la garde nationale, et peut-être en minorité déjà parmi les électeurs, est encore en majorité dans les chambres; mais cette majorité est faible, incertaine, flottante, et cédera peut-être bientôt la place à l'opposition populaire; car il faut fermer les yeux à la lumière pour ne pas apercevoir l'amélioration de l'opinion dans la garde nationale parisienne et dans les populations de la plupart des départemens.

Que la presse, qui a rendu tant de services avant et depuis la dernière révolution, persévère à éclairer les masses, que l'opposition législative agisse avec plus d'ensemble et parle avec plus de franchise; que les associations s'agrandissent ou se multiplient; que le peuple sache unir en tout la prudence à la fermeté, et le moment n'est peut-être pas éloigné où la liberté pourra triompher par la seule puissance de l'opinion publique.

Parlons maintenant de la *force*.

La force, qui est aussi en majorité, irait assurément plus vite, et ce n'est pas la force qui manque au peuple; car si les partisans du privilége sont en majorité par la fortune, par l'intrigue, et par le pouvoir que donnent les fonctions publiques, le peuple, à son tour, est en immense majorité par le nombre, par le courage, et par l'enthousiasme qu'inspire l'amour de la liberté et de l'égalité.

Si donc le peuple était réuni, s'il existait comme peuple un seul jour, une seule heure, sa main puissante ou seulement sa voix aurait à l'instant ressuscité ses droits, et la force ne ferait alors qu'assurer le triomphe de la justice.

Mais le peuple n'est composé que d'individus isolés et dispersés, tandis que ses adversaires sont organisés et commandés par un roi, qui dispose à son gré d'une armée de fonctionnaires publics, des soldats, des gardes nationaux, des gendarmes, de la police, du trésor, des télégraphes, des places et des honneurs. A moins qu'un grand événement comme les ordonnances de juillet ne réunisse instantanément toutes les irritations et n'éclate comme un signal visible en même temps pour tous les yeux, le peuple ne peut attaquer sans préparatifs, sans conspiration, et par conséquent sans danger.

Nous savons combien est vive l'indignation de la jeunesse, combien est impatiente la souffrance physique et morale du peuple, combien son héroïque courage se joue des périls; mais nous savons aussi combien ce peuple et cette jeunesse ont de dévouement à la patrie, et combien ils sont disposés à souffrir courageusement encore plutôt que de compromettre par trop d'ardeur la cause de la liberté.

Pourquoi d'ailleurs ne pas attendre l'inévitable agression du pouvoir? Ceux qui voudraient combattre ne sont-ils pas certains de voir bientôt s'engager le combat? et dans ce cas, la défensive n'est-elle pas infiniment préférable à l'offensive? Oui, la quasi-restauration est condamnée, comme la restauration elle-même, à subir toutes les conséquences de son système d'ingratitude, de rouerie, de police, de violence et d'alliance avec l'étranger pour comprimer la révolution et la liberté. Ne voyez-vous pas combien sa course précipitée l'a déjà fait avancer vers l'abîme? Après avoir été dans la nécessité d'éloigner les légitimistes et de caresser les hommes de juillet, son système l'a mise dans la nécessité de rappeler les uns et d'expulser les autres: de là les défiances, le mécontentement, l'indignation, l'irritation populaires et les émeutes. Au lieu de profiter de l'avertissement, elle s'est irritée des obstacles; et, remplaçant la ruse par la violence, elle n'a fait que rendre plus large et plus profonde la colère des héros de la grande semaine. C'est ainsi que la fatalité l'a successivement et rapidement entraînée à la proscription des hommes des barricades, au licenciement de beaucoup de gardes nationales, au sanglant sacrifice de la Pologne et de l'Italie, aux assommades du 14 juillet, aux mitraillades de juin, à la violation de la charte pour livrer les vaincus aux tribunaux militaires, aux assassinats du pont d'Arcole, au projet de loi sur l'état de siège, au mépris de toutes les lois pour sauver la criminelle instigatrice de la guerre civile, aux attentats journaliers contre la liberté individuelle, enfin à l'incroyable projet d'élever quinze bastilles autour de la mère de la liberté.

Sans doute, ce peuple, tant calomnié, tant outragé, est cependant si bon, si généreux, si oublieux même, et les révolutions violentes sont un remède si redoutable aux yeux des véritables amis de leur pays, qu'il est presque toujours possible au pouvoir le plus coupable de se faire pardonner en revenant sincèrement à ses devoirs: mais celui qui, au rôle glorieux et facile de restaurateur de la liberté du monde, a été assez aveugle pour préférer la tâche ignoble et périlleuse de consolider le despotisme des rois, voudra-t-il et pourra-t-il revenir sur ses pas? Non, non, les séides de tous les pouvoirs et les renégats dont il s'entoure ne le lui permettront pas: les destinées s'accomplissent; l'esprit de vertige et d'erreur précipite le dénouement; la royauté, insurgée contre l'opinion publique, (ses organes l'on fait pressentir à la tribune) voudra les bastilles ou le licenciement de la garde nationale, ou la destruction de la presse, ou tout autre coup d'état; c'est elle qui prendra l'offensive, et son attaque sera le signal de sa chûte; car la génération, qui sent dans ses veines le sang de

1789 et de 1830, et que les peuples rendent dépositaire de leur salut, ne souffrira pas de Louis-Philippe ce qu'elle a puni dans Charles X.

Sachons donc attendre sans conspirer, et sans rien compromettre; nous ne sommes que trop sûrs d'avoir à combattre pour nous défendre.

Mais, après la révolution opérée pacifiquement par la législature, ou violemment par la force, que deviendra la monarchie?

Pour nous, la souveraineté du peuple n'est pas un vain mot; c'est le dogme de notre religion politique, c'est la base sacrée de l'édifice social : ce sera donc au peuple tout entier à choisir la forme de gouvernement qui lui paraîtra la meilleure, et, quelle que soit cette forme, pourvu qu'elle soit adoptée librement et volontairement en pleine connaissance de cause, toutes les volontés individuelles devront se soumettre sans murmure à la volonté générale.

Et quelle est cette forme qui, suivant nous, convient le mieux aux intérêts du peuple ?

Si c'était la monarchie, il faudrait qu'elle fût entourée d'institutions réellement républicaines ou populaires, et notamment du droit électoral appartenant à tous les citoyens : car, sans ces institutions, la monarchie dégénérerait certainement encore en despotisme et en tyrannie.

Mais nous avons fait l'épreuve de cette monarchie prétendue populaire, et l'épreuve est décisive.

Cette monarchie, comme toutes les autres, n'est-elle pas tachée du sang populaire? Et n'est-ce pas Louis-Philippe lui-même et tous les rois, qui font de la *république* une nécessité pour tous les peuples?

Quelles que puissent être pour nous les conséquences de cette déclaration, le cri de notre conscience l'emporte, et nous n'hésitons pas à manifester formellement notre conviction profonde sur la nécessité de la *république*.

Si la révolution s'opère par la force, c'est à l'instant la guerre de la part de tous les rois, et la république seule peut évidemment alors sauver l'indépendance du pays.

Si la révolution est le produit pacifique de l'opinion générale, c'est encore pour la république que nous semblent s'ouvrir toutes les portes de l'avenir; c'est elle que réclame partout le progrès des lumières, la raison, la justice, la dignité de l'homme et la voix des peuples.

Nous ne le dissimulons pas, pour soutenir et faire prospérer la république, il ne suffit pas de prendre le titre de républicains, il faut surtout en pratiquer les vertus : mais nous avons foi dans la puissance actuelle de la civilisation, dans la générosité du peuple, dans son amour du travail, de l'ordre et des lois; et d'ailleurs, c'est là monarchie qui , par ses excès, décide elle-même la question , en se rendant désormais intolérable, en augmentant chaque jour le nombre et l'enthousiasme des partisans de la république.

Puissent les républicains, unissant toujours la prudence au courage, ne fournir aucun prétexte capable de compromettre ou retarder le triomphe de la plus juste des causes ! Puissent les patriotes, jusqu'à présent trompés et effrayés par les calomnies du pouvoir, se rallier enfin à la forme du gouvernement la plus rationnelle et la plus capable de faire le bonheur du genre humain !

Pour nous, hommes de conviction et de conscience , nous joindrons nos efforts à ceux des défenseurs de la république; hommes du peuple nous ne transigerons jamais sur les droits du peuple , et c'est toujours avec lui et pour lui qu'on nous verra parler, écrire et combattre.

Mais qu'est-ce que la république ?

93 N'EST PAS LA RÉPUBLIQUE.

La république c'est, dit-on 93 ; c'est le gouvernement révolutionnaire, la terreur, les proscriptions, les échafauds, le maximum , etc.

Mais qui en fait un portrait si effrayant ? Ne sont-ce pas les mêmes hommes qui n'ont que de l'admiration et de l'amour pour la monarchie et la royauté? Ne sont-ce pas les rois, leurs ministres, leurs courtisans et leurs valets? Ne sont-ce pas les partisans intéressés de l'aristocratie, des priviléges et des monopoles, ou quelques hommes sincères, honnêtes et patriotes, mais timides , crédules et faciles à tromper et à effrayer?

Oui , considérez quels sont les détracteurs de la république, et vous verrez que leurs accusations doivent nécessairement être suspectes de partialité.

Mais nous qui sommes étrangers à cette terrible époque de 93 , nous qui ne cherchons que la justice et la vérité , nous que rien n'empêche de condamner tout ce qui est condamnable , nous n'hésitons pas à dire que cette définition de la république est le plus manifeste des mensonges et la plus audacieuse des calomnies.

C'est un fait historique incontestable ; la royauté, surprise en flagrant délit de trahison et suspendue le 10 août, fut bien abolie le 21 septembre 1792, et le mot de république fut proclamé; mais la république, ou plutôt le gouvernement républicain, ne commença que le 4 brumaire an IV, ou 26 octobre 1793.

Cette longue période, du 10 août 1792 au 26 octobre 1793, ne fut pas la république, mais un gouvernement momentané , transitoire, révolutionnaire et dictatorial, dont personne, même alors, ne désirait la redoutable prolongation, et que personne ne désire aujourd'hui; c'était la *défense* contre les conspirations et les trahisons, contre l'émigration et la coalition de tous les despotes étrangers, contre les plus effroyables périls; c'était la plus acharnée des guerres et la plus violente des tempêtes; mais comme la guerre et la tempête, elle devait être passagère.

Sans doute l'ouragan a causé bien des désastres; il a laissé bien des ruines, et nous ne sommes pas des derniers à les déplorer : mais à qui la faute? Est-elle à ceux qui défendaient héroïquement la plus juste et la plus nécessaire des révolutions, la souveraineté du peuple, la liberté, l'égalité, l'indépendance du pays et leur propre vie? N'est-elle pas au contraire à la cour, aux aristocrates, aux émigrés, aux conspirateurs, aux despotes étrangers, qui réunissaient leurs efforts pour replonger la France dans le plus honteux et le plus dur esclavage; qui insultaient le peuple, qui l'outrageaient, qui le menaçaient de toutes les humiliations, de tous les châtimens, de tous les fléaux; qui l'indignaient par leurs perfidies, qui l'irritaient par leurs menaces, qui le poussaient au désespoir par le danger de leurs attaques, et qui plus tard justifièrent son effroi par leurs atroces vengeances pendant la *terreur modérée* de 1794, pendant la *terreur royaliste de 1795*, pendant la *terreur légitimiste de 1815 et 1816*, et depuis pendant la *terreur monarchique* en Espagne, en Portugal, en Italie, en Pologne, etc. ?

Si, un jour, attaqués comme nos pères, nous nous trouvions pressés des mêmes dangers, nous nous *défendrions* certainement aussi, comme se défendent les rois et leurs partisans quand ils se croient attaqués, comme se défend tout être quelconque dont l'existence est en péril; comme nos pères, nous préférerions aussi la mort à l'esclavage, et nous saurions répéter le cri qui les a sauvés, *Vaincre ou périr!*

Quand l'aggression du pouvoir aura sonné l'heure de la légitime défense, l'élan du peuple sera terrible; il ne souffrira nulle résistance; sa force triomphera de la force; ses baïonnettes ne s'abaisseront que quand les baïonnettes ennemies se seront abaissées devant lui; et l'on ne pourra guère ni le séduire ni le tromper encore. Mais nous ne reverrons plus 93 : les perfidies, les parjures, les sanguinaires vengeances des Ferdinand, des don Miguel, des Nicolas, et de tant d'autres bourreaux des nations ne parviendront pas à leur donner des imitateurs populaires. L'expérience de nos devanciers né sera pas perdue pour nous; les progrès des lumières et de la civilisation nous auront profité; et le peuple de juillet, nous l'espérons, ou plutôt nous en avons la conviction profonde , se montrera toujours généreux et sublime après la victoire autant qu'héroïque au milieu du combat.

Qu'on ne le dise donc plus ; la république n'est pas 93 , pas plus et moins peut-être que les trahisons, les parjures, la Saint-Barthélemy, les dragonnades et les mitraillades ne sont la monarchie.

S'il en était autrement , verrait-on tant de peuples anciens et modernes partisans de la république? Entendrait-on les Lafayette , les Dupont de l'Eure , les d'Argenson et Louis-Philippe lui-même dire et répéter : *Je suis républicain ?*

Quant à nous, voici notre *république :*

NOTRE RÉPUBLIQUE.

Nous voulons une *république* (1) ou un *gouvernement républicain* qui, comme l'indique son nom, ait réellement pour but la *chose publique* ou l'intérêt général.

Nous voulons une *république* basée sur le principe de la souveraineté du peuple ; une république dans laquelle ce principe ne soit pas un vain mot, mais le fondement sacré de tout l'édifice social. Nous voulons que la constitution soit faite par le peuple entier ou par des mandataires élus par lui ; que le premier de tous les pouvoirs soit le *pouvoir populaire* ou national, ou constituant, ou délégant, ou *électoral ;* que ce dogme politique soit inscrit, proclamé, rappelé sans cesse et partout, dans nos lois , dans nos fêtes, sur nos théâtres, dans nos monumens publics, dans les produits des arts et des lettres ; que tout s'incline devant la *majesté de la nation* ou *du peuple*, et devant l'expression de sa volonté, c'est-à-dire la *constitution* et la *loi*, que le premier des titres soit celui de *citoyen*, et que le fonctionnaire public , traité avec égards, traite lui-même le plus obscur citoyen avec le respect qu'on doit à l'un des membres du pouvoir souverain.

Nous voulons que la constitution garantisse les *droits naturels de l'homme*, la liberté, l'égalité, la sûreté personnelle , la résistance à l'oppression et la propriété.

Nous voulons que le citoyen soit *libre* de faire tout ce qui ne blesse pas les droits d'autrui ; *libre* d'exercer son culte religieux ; *libre* de publier ses opinions sur les affaires publiques, sans être entravé ni par une censure quelconque, ni par un timbre, ni par un cautionnement, en répondant seulement de ses calomnies ; *libre* de s'associer, de s'assembler et de pétitionner ; *libre* d'aller et venir ; *libre* d'enseigner ou d'exercer l'industrie qui lui convient, sans être enchaîné par des privilèges et des monopoles, ni par des patentes et des douanes.

(1) Ce nom vient de deux mots latins , *res publica* CHOSE PUBLIQUE.

Nous voulons que tous les citoyens soient EGAUX *en droits et aux yeux de la loi;* que tous soient également électeurs, jurés, gardes nationaux, soldats et éligibles à toutes les fonctions publiques sans autre différence que celle des talens et des vertus; que la fortune ne donne d'autre privilège que celui de pouvoir se consacrer plus entièrement au service de la patrie; que tous soient justiciables des mêmes tribunaux et passibles des mêmes peines, et que, si la loi se montre quelquefois plus sévère, ce soit contre les fonctionnaires prévaricateurs; enfin que tous les citoyens pourvus du *nécessaire* supportent les charges publiques et les impôts également, c'est-à-dire, proportionnellement à leur fortune.

Nous voulons que la *personne* des citoyens soit protégée et respectée; que le *domicile* et le *secret des lettres* soient inviolables et sacrés; que le simple accusé soit à l'abri de toute espèce de violence et d'insulte, quand il obéit au nom de la loi; qu'il soit au contraire environné, dans l'arrestation, dans la détention provisoire, dans l'instruction et dans le jugement, de tous les égards que doit la société à l'innocent présumé auquel elle demande un énorme sacrifice; que la loi ne prononce de peines que celles qui sont indispensables, sans pouvoir jamais disposer de la vie d'un homme; qu'elle soit humaine envers le coupable lui-même, et qu'elle s'attache à prévenir les crimes plus encore qu'à les punir.

Nous voulons que la résistance à l'oppression soit, ainsi que la *légitime défense,* considérée comme l'un des premiers droits de la nature.

Nous voulons que le citoyen puisse jouir, comme d'un droit sacré, du fruit de son travail et de son industrie, des biens dont la loi lui reconnaît la propriété; et que l'état n'exige d'*impôts* que ceux nécessaires à la bonne administration du pays.

Nous voulons enfin que toute l'organisation sociale ait pour but le bonheur des citoyens; que le pauvre reçoive gratuitement l'instruction et l'éducation nécessaires; qu'il ne puisse jamais manquer de travail; que l'administration s'efforce sans cesse de rendre ce travail moins pénible ou moins périlleux; que ce salaire soit assez élevé pour que l'ouvrier puisse améliorer progressivement son sort et celui de sa famille; que le malade ou l'infirme trouve dans la bienveillance nationale des secours qui n'humilient pas l'humanité.

Quant à l'organisation politique, nous voulons une *république une et indivisible,* ayant ses administrations *municipales et départementales,* et une administration *centrale* ou *nationale* qui concentre l'autorité assez pour assurer l'indépendance et la tranquillité du pays, et pas assez pour gêner inutilement et pour humilier les municipalités et les départemens.

Nous voulons que le pouvoir *législatif* soit exercé par des députés librement et directement élus par le peuple, sans aucune influence du pouvoir exécutif ; que ces députés reçoivent l'*indemnité* rigoureusement nécessaire, afin que le peuple puisse choisir des citoyens qui possèdent sa confiance, mais qu'une honorable pauvreté mettrait dans l'impossibilité d'accepter une charge trop onéreuse, et que la législature soit complètement indépendante du pouvoir exécutif.

Nous voulons que le pouvoir *exécutif* ou *gouvernemental* soit confié, par *élection*, aux plus capables et aux plus dignes, et non par le hasard de l'hérédité à des inconnus qui peuvent avoir tous les défauts et tous les vices ; qu'il ne soit confié que temporairement, afin qu'on puisse réparer l'erreur d'un premier choix ou lui en substituer un meilleur ; que le gouvernement soit assez puissant pour être utile et pas assez pour corrompre, opprimer et usurper ; qu'il ne puisse faire seul la guerre et la paix, les traités d'alliance et de commerce, les cessions et les acquisitions de territoire ; qu'il n'ait à nommer que ses ministres et ses agens d'exécution ; qu'il n'ait ni *liste civile*, ni *cour*, ni garde nombreuse, ni récompenses, ni faveurs à distribuer ; enfin qu'il soit *comptable* devant le pays, et que ses ministres et ses agens puissent être facilement poursuivis devant les tribunaux.

Nous voulons que le pouvoir *municipal* et *départemental* reprenne toute sa liberté et toute son action ; que les communes et les départemens s'administrent eux-mêmes ou par des mandataires de leur choix, sous la surveillance et la direction consultative de l'administration centrale ou nationale.

Nous voulons que le pouvoir *judiciaire* soit électif, temporaire et indépendant du pouvoir exécutif, afin qu'il puisse frapper tous les coupables et protéger tous les innocens ; que la procédure civile et criminelle soit plus simple, moins dispendieuse, et que tout individu lésé puisse facilement et promptement obtenir justice.

Nous voulons que tout citoyen soit *soldat* ; que cette qualité soit considérée comme un *droit* autant que comme un *devoir* ; que l'armée et la garde nationale élisent tous leurs officiers ; que leur temps ne soit pas perdu dans l'oisiveté ou dans des inutilités ; et qu'elles soient, non pas un parti, mais la *nation armée* pour défendre son indépendance, sa constitution et ses lois.

Nous voulons que la fraternité soit le lien de la nation française envers les autres nations, comme du citoyen envers ses concitoyens.

Nous voulons enfin que la constitution soit soumise à l'*acceptation* du peuple, et qu'elle puisse être fréquemment *révisée* et perfectionnée.

Telle est en général, la république qu'appellent tous nos vœux, et qui n'est assurément ni l'anarchie, ni l'oppression et le sang, mais un gouvernement de raison, de justice, de vérité, d'ordre, de dignité humaine, de progrès et de prospérité; gouvernement qui développe toutes les vertus publiques et privées, qui ennoblit tout, et qui porte jusqu'à l'enthousiasme ce que nous connaissons de plus sublime, l'amour de la patrie et de l'humanité, gouvernement qui fait aujourd'hui le salut de la Suisse et la prospérité d'un pays aussi vaste que toute l'Europe monarchique, les États-Unis d'Amérique, comme il fit long-temps autrefois la gloire de la Grèce et la puissance de Rome.

C'est pour défendre, pour populariser, pour faire adopter universellement et aimer cette république que le POPULAIRE a été fondé sous cette devise : Moralité. — Liberté. — Égalité.

LE POPULAIRE.

Voici ses principes, son but et son plan.

Le peuple (dans le sens le plus restreint de ce mot,) est la portion la *plus nombreuse* de la société; c'est la *majorité* dans la nation.

C'en est aussi la portion la *plus utile* et même la *plus nécessaire*. car c'est lui qui produit tout par son travail, et qui défend tout par son courage; il pourrait se passer de la minorité oisive, tandis que cette minorité ne saurait se passer du peuple travailleur et combattant.

Le peuple devait donc participer à tous les droits sociaux, à tous les bienfaits de la civilisation.

Cependant, depuis des siècles le peuple était *esclave* : dépouillé de ses droits naturels, il n'avait aucun droit social ou politique; la société n'était autre chose que l'*oppression organisée*, les lois n'étaient faites que contre le peuple, pour perpétuer sa servitude et sa misère.

Amenée par le progrès des lumières et de la philosophie, l'immortelle révolution de 1789 a proclamé l'affranchissement et la souveraineté du peuple, les droits de l'homme et du citoyen, la liberté et l'égalité.

Mais qu'il y a loin de la proclamation du principe à son application! Combien le sort du peuple, amélioré sans doute, ne diffère-t-il pas encore de ce qu'il devrait être!

Si quelques-uns des hommes sortis de son sein parviennent à passer dans une classe plus heureuse, le plus grand nombre, trouvant à peine dans les plus pénibles travaux le moyen d'exister, paraît condamné à végéter perpétuellement dans l'indigence; le plus grand nombre, privé de tous droits politiques, ressemble encore à l'esclave plutôt qu'au citoyen; et, dans les campagnes de plusieurs de nos départemens comme dans nos grandes villes, beaucoup d'hommes pourraient envier le sort des animaux eux-mêmes.

Quelle injustice! quel outrage à l'humanité!

Non, qu'il ne se vante pas de sa gloire en aucun genre, ni même de sa civilisation, le pays où l'homme ne trouve, dans son travail, ni le moyen d'être convenablement nourri, vêtu, logé, ni celui d'élever sa famille et d'améliorer incessamment son sort; qu'il ne se vante pas de ses institutions, le pays où l'immense majorité des habitans est privée de tous droits politiques!

Mais d'où vient cette oppression du peuple ou de la majorité? Ne vient-elle pas de ce que les lois sont faites exclusivement *par la minorité* privilégiée?

Qu'on admette donc le peuple à l'élection de ses représentans et à la confection des lois, et le mal aura bientôt cessé.

Mais, dit-on, le peuple n'est pas assez éclairé!..... — Erreur, mensonge, vain prétexte! Cependant supposons-le pour un moment. Eh bien! dans ce cas, éclairez le peuple; c'est la dette de la société, c'est le devoir du gouvernement, c'est le cri de l'humanité.

Personne n'ose contester cette dette et ce devoir; on prodigue même les promesses; on fait grand bruit de quelques tentatives, mais, en réalité, le peuple rencontre partout l'indifférence et la force d'inertie, quand ce n'est pas la haine et l'hostilité déclarées.

De là l'irritation populaire; de là ces sourdes ou tumultueuses agitations qui menacent continuellement la tranquillité publique, et qui ne cesseront que quand les légitimes réclamations du peuple seront enfin satisfaites.

Puisque l'autorité met tant de lenteur à cet égard, que ce soit la noble tâche des amis de l'humanité, des bons citoyens, des associations généreuses, de la presse indépendante et patriote!

C'est la mission que s'impose l'association philantropique et patriotique qui vient de créer le Populaire, car voici ce que nous voulons.

Nous voulons *défendre* le peuple contre les *calomnies* dont auraient dû le garantir ses vertus dans les journées de juillet, journées que son héroïque courage et sa générosité sublime rendront à jamais glorieuses.

Nous voulons *améliorer* matériellement son sort, lui faire reconquérir sa position et *ses droits*, non tout d'un coup et par la violence, mais par la discussion, par [la persuasion, par la conviction, par la puissance de l'opinion publique.

Nous voulons, non que le riche soit dépouillé, mais que le pauvre puisse acquérir l'aisance et s'enrichir en *travaillant*.

Nous voulons, non que la classe jusqu'ici dominante soit rabaissée et humiliée, mais que le peuple soit relevé à la hauteur qu'exige la *dignité* de l'homme et du citoyen.

Nous voulons, non paralyser l'industrie en supprimant toute espèce de *luxe*, mais ouvrir, au contraire, de nouvelles et d'intarissables sources au *travail*, en le dirigeant vers les objets d'*utilité général et populaire* : le riche bâtira tant qu'il voudra des palais, pourvu que le pauvre ait une maison saine et commode.

Nous ne voulons pas la destruction des *machines* et des *mécaniques*, parce que nous voulons *la liberté de l'industrie* comme toutes les autres libertés ; parce que nous voulons le *respect de la propriété industrielle* autant que le respect de *toutes les autres propriétés* ; mais nous pensons que les machines et les mécaniques ne peuvent pas être trop multipliées pour les travaux pénibles, ou insalubres, ou dangereux, et mêmes pour tous les genres de frabrication, parce que la production à meilleur marché profite au peuple lui-même, et qu'un gouvernement populaire trouvera toujours le moyen d'employer *tous les bras*.

En un mot, notre but est l'amélioration du sort du peuple et son bonheur ; nos moyens sont l'éducation du peuple et l'appel à l'opinion publique éclairée par la discussion.

Et ce n'est pas seulement au gouvernement et au législateur que nous voulons nous adresser ; c'est *au peuple lui-même*, en l'éclairant, en l'aidant à connaître ses droits, en lui facilitant les moyens d'être son propre défenseur.

Le Populaire est donc spécialement consacré à *l'amélioration du sort du peuple* et à son *éducation*, sous le triple rapport *politique, matériel, et moral*.

POLITIQUE.

Le Populaire fera connaître la marche générale des événemens extérieurs, la tendance des rois vers le despotisme, et les efforts des peuples vers la liberté. — Pour faciliter au peuple, qui n'a pas le temps d'étudier l'histoire étrangère, l'intelligence et l'appréciation des faits qui se passent au-de ors, il donnera successivement un précis de l'histoire révolutionnaire et politique des divers pays d'Europe, et publiera plus tard le recueil de tous ces précis.

Il fera connaître, d'un côté, la marche générale du gouvernement à l'intérieur et des chambres ; de l'autre côté, les progrès de l'opinion publique.

Il dénoncera tous les *abus* de l'administration , et notamment tous les attentats à la *liberté individuelle*, toutes les *illégalités, les vexations et les violences de la police.*

Il rendra compte des principaux procès , et signalera les améliorations désirables concernant les présidens, les juges, les jurés, les témoins, les accusateurs, les prévenus, les accusés et les condamnés, suivant ceux-ci dans leurs prisons pour y protéger encore l'humanité souffrante.

Il sera spécialement la *revue de la presse départementale*, et s'attachera à servir de lien entre tous les journaux de départemens, dans leur intérêt commun et dans l'intérêt général ; il sera disposé à faciliter les communications entre les associations organisées à Paris et dans les autres villes pour défendre la liberté de la *presse* et des *élections.*

Parmi toutes les améliorations que réclament la civilisation et la philosophie, il signalera particulièrement celles qui concernent les *édifices publics* en tous genres , nos écoles et nos tribunaux, nos hospices et nos prisons , nos villes et nos villages, nos routes et nos canaux.

Il traitera enfin la question d'*organisation politique*, en signalant les abus existans et les améliorations que réclament impérieusement la raison, la justice, l'intérêt commun et la paix publique.

Son fanal sera la *souveraineté du peuple*, principe incontestable et incontesté.

Il en tirera toutes les *conséquences* rationnelles et logiques, et il en demandera toutes les applications possibles, invoquant toujours, comme nous l'avons déjà dit, non la violence, mais la discussion, la conviction et l'assentiment universel.

Aussi hardi que l'amour de la patrie et de la vérité peuvent exciter à l'être, mais grave comme l'œuvre d'avenir qu'il entreprend, il évitera tout ce qui pourrait irriter les *personnes* sans améliorer les *choses.*

Sur ce terrain solide, où il espère être toujours à l'abri des attaques du ministère public, il tàchera de bien faire connaître au peuple toute l'étendue de ses droits et leurs limites ; il l'exhortera à les réclamer avec prudence et modération , mais avec une inébranlable fermeté, avec une inaltérable constance, avec la confiance que tôt ou tard sa cause finira par triompher, parce qu'elle est celle de la justice et de l'humanité.

Il s'attachera à ramener la lutte des théories politiques à la loyauté et la bonne foi , sans lesquelles il n'y a que *dispute* et non *discussion*.

Il s'efforcera de dégager celle-ci de toutes les faussetés à l'aide desquelles on est parvenu à jeter la confusion et le chaos dans les esprits.

Il s'efforcera de dissiper les préventions et les haines aveugles qui séparent et divisent les citoyens : il rappellera sans cesse que la *garde nationale* et *l'armée* font partie du *peuple*, comme le peuple fait la force de la garde nationale et de l'armée, et que, si leurs ennemis communs ont intérêt à les *diviser*, leur intérêt mutuel est d'*être unis*.

Il excitera enfin l'esprit d'*association* et d'*organisation*, qui seul peut faire triompher pacifiquement la cause populaire.

En deux mots, nous dirons au peuple : Instruisons-nous, éclairons-nous, cherchons à connaître nos droits et nos devoirs..... Soyons hommes ; véritablement hommes ; unissons la sagesse à l'énergie ; ne faisons rien que ce qui est utile et nécessaire ; évitons tout ce qui peut nous compromettre inutilement, tout ce qui peut fournir un prétexte aux calomnies de nos ennemis ; montrons-nous ce que nous sommes, généreux, unis, forts, inébranlables dans notre volonté d'obtenir justice, et nous finirons infailliblement bientôt par l'obtenir.

INSTRUCTION MATÉRIELLE.

Cette deuxième partie comprendra tout ce qui peut intéresser matériellement le peuple, et notamment tout ce qui concerne son *instruction* proprement dite.

Nous rendrons compte des travaux de l'Association *libre pour l'éducation gratuite du peuple*.

Cette association, dont MM. Dupont (de l'Eure), Cormenin et Arago sont les président et vice-présidens, et qui compte déjà près de 3,000 sociétaires et de plus de 40 cours, a le même but que le Populaile, et ce journal en est, pour ainsi dire, le complément nécessaire.

Lui donner plus de publicité, l'aider à prendre tout le développement dont elle est susceptible, ce sera rendre au peuple un immense service.

Nous ferons connaître ses cours, le succès de ses professeurs, la bonté de ses méthodes, les progrès de ses auditeurs, et son organisation, soit à Paris, soit dans les départemens.

Nous nous occuperons de tout ce qui concerne *l'instruction et l'éducation publique* dans nos villes et nos campagnes ; des lois, ordonnances, circulaires et actes administratifs sur cette matière; nous nous occuperons des établissemens publics et particuliers, des sociétés enseignantes, des méthodes, des professeurs, des ouvrages, des abus existans et des améliorations nécessaires pour les corriger.

Nous indiquerons toutes les *connaissances utiles au peuple*, dans son ménage, dans ses ateliers ; nous examinerons tout ce qui concerne sa nourriture, son vêtement, son logement, sa famille, les maladies et les blessures auxquelles ses travaux l'exposent plus particulièrement ; les *procédés* peu connus, anciens et nouveaux, les plus généralement utiles ; la *législation* qui intéresse plus spécialement la classe ouvrière; la limite légale de ses droits et de ses devoirs envers ceux qui l'emploient ; les *habitudes* qu'elle a intérêt d'éviter ou de contracter ; les *préjugés* qui peuvent lui nuire, etc.

Nous traiterons les questions de *prix du travail*, de *monopoles*, de *machines*, de *bourse*, de *patentes* et d'*impôts* à la charge du pauvre.

Nous indiquerons enfin les *ouvrages* élémentaires les plus utiles au peuple dans tous les genres; nous provoquerons la composition de ceux qui n'existeraient pas encore, et nous chercherons tous les moyens d'en rendre l'acquisition facile et l'usage universel.

Nous proposerons à l'*Association libre pour l'éducation du peuple* d'ouvrir des concours, de créer des jurys d'examen composés d'hommes honorables, et de décerner des prix, non d'argent, mais d'honneur, pour les meilleurs ouvrages qui seront faits et destinés, par exemple, à exercer les enfans à la *lecture*, à apprendre au peuple la *législation* qui l'intéresse spécialement, à apprendre à la femme de l'ouvrier les principes *d'hygiène* qui lui sont nécessaires pour soigner ses enfans et son mari.

MORALE.

Cette troisième partie, qui formera le FEUILLETON, sera consacrée à tout ce qui peut moraliser le peuple, et développer en lui le sentiment de sa dignité.

Là, nous passerons rapidement en revue les tribunaux et les prisons, la loterie et les jeux, les théâtres et les spectacles de tous genres, les ouvrages de littérature et les productions des beaux-arts; et nous les examinerons, non pour exciter et satisfaire une vaine ou dangereuse curiosité par le tableau des scandales, des mauvaises passions ou des vices de la société ; mais pour présenter des leçons d'autant plus efficaces que ce sont les faits qui parleront eux-mêmes.

Nous nous attacherons principalement, non pas à ce qui peut humilier le peuple, mais à ce qui doit le relever et l'honorer à ses propres yeux comme aux yeux de ses détracteurs et de ses adversaires.

Nous signalerons ses qualités et ses défauts ; et, dans une espèce de *Biographie populaire*, nous esquisserons l'histoire des hommes sortis de ses rangs qui se sont rendus célèbres par leurs actions et leurs vertus, ou par leurs talens et leur génie.

Là, nous ajouterons quelques fragmens de *littérature* ou de *poésie* qui nous paraîtront capables d'exciter l'intérêt du lecteur.

Telle est la RÉPUBLIQUE du POPULAIRE, et tels sont ses moyens pour la faire adopter.

Du reste, bien que la rédaction soit exclusivement dirigée par une seule volonté, ses rédacteurs et ses actionnaires, tous aussi philantropes que patriotes, se réuniront fréquemment pour éclairer la rédaction, en discutant les questions les plus importantes.

Le Directeur du Populaire,

CABET.

IMPRIMERIE DE L.-E. HERHAN,
380, rue Saint-Denis.